ORION,

TRAGEDIE,

REPRÉSENTÉE

POUR LA PREMIERE FOIS,

PAR L'ACADEMIE ROYALE

DE MUSIQUE,

Le dix-septiéme jour du mois de Fevrier 1728.

DE L'IMPRIMERIE

De JEAN-BAPTISTE-CHRISTOPHE BALLARD,

Seul Imprimeur du Roy , & de l'Academie Royale de Musique.

M. DCC XXVIII.

AVEC PRIVILEGE DU ROY.

LE PRIX EST DE XXX. SOLS.

AVERTISSEMENT.

QU O Y que la liberté d'imaginer tous les incidents d'un Poëme soit un droit que personne ne s'est jamais avisé de disputer aux Auteurs Dramatiques ; on n'en a pas abusé dans cette Tragedie, & l'on a pris soin que la vray-semblance fut appuyée sur la verité : Si l'on n'avoit consulté qu'HORACE, on n'auroit jamais osé rendre D I A N E amoureuse d'O R I O N , encore moins O R I O N indifferent à l'égard de D I A N E ; mais on a trouvé dans d'autres sources de quoy justifier une fiction qui paroîtra d'abord hardie à ceux qui ont lû dans les Odes de ce Chef des Poëtes Lyriques , *que le Heros de cette Piece fut assez témeraire pour attenter à la pudicité de* D I A N E.

O R I O N , selon H E S I O D E dans sa Theogonie, étoit Fils de Neptune & de Brillés , Fille de Minos; il fut placé entre les Astres. Noël le Comte assure dans son huitiéme Livre , *que quelques Auteurs ont rapporté que* D I A N E *l'avoit aimé , jusqu'à vouloir l'épouser.*

A L P H I S E , à qui l'on donne ce nom, pour le rendre plus doux à l'oreille est cette même Nymphe de D I A N E , dont V I R G I L E parle sous le nom d'O P I S dans ses Georgiques. C A L L I M A Q U E dit, *qu'elle étoit Fille de Borée , & qu'elle fut aimée d'ORION.*

PALLANTE eſt le ſeul Perſonnage de cette Piece qui ſoit purement epiſodique , on le fait Roy des Scythes , pour le mettre plus à portée d'avoir connu & d'avoir aimé une Nymphe née ſous ces climats glacez où il regne.

Pour le jour de l'action Théatrale, Noël le Comte en atteſte la celebrité. Voicy ce qu'il en dit , *Les Nymphes de* DIANE *qui vouloient renoncer au celibat , avoient coûtume d'apporter des offrandes dans des corbeilles, au Temple de cette Déeſſe , pour fléchir ſa colere; & cela ne leur étoit permis que lorſqu'elles étoient parvenües à l'âge nubile.*

Pour mieux fonder cette Feſte , on l'a fait établir par un Arreſt irrevocable du Deſtin ; voilà toute la liberté qu'on s'eſt donné dans cette Tragedie. Le Prologue autoriſe la vengeance de l'Amour contre DIANE ; ce Dieu irrité l'a ſoûmet à ſes loix; mais , elle n'eſt pas ſa ſujete juſqu'à démentir ſon caractere ; elle devient genereuſe ſans ceſſer d'être Amante ; & ne pouvant être heureuſe elle-même, elle a aſſez de fermeté pour conſentir au bonheur d'autruy.

Les Ballets du Roy & les Opera, repréſentez tant à la Cour qu'à la Ville juſqu'en l'Année 1713. étant tous imprimez en caractere Italique ; On a cru devoir ſe raprocher du plus grand nombre, pour rendre, autant qu'il ſera poſſible , le Recueil uniforme.

ACTEURS
DU PROLOGUE.

VENUS.   Mlle. Hermanſe.

JUPITER.   Mr. Chaſſé.

MINERVE.   Mlle. Antier Cadette.

L'AMOUR.   Mlle. Julie.

UNE SUIVANTE DE MINERVE. Mlle. Mignier.

TROUPE DE DIEUX.

LES ARTS, LES AMOURS, LES JEUX,
  LES PLAISIRS ET LES GRACES.

TROUPE DE HEROS.

CHOEUR DE NYMPHES DE DIANE
derriere le Theâtre.

La Scene eſt à Cythere.

DIVERTISSEMENT
du Prologue.

GRACES
Mademoiſelle Menés.
Meſdemoiſelles Duval , Tiber , Duroché.

PLAISIRS
Monſieur Maltair-C.
Meſſieurs Savar , Tabary.
Meſdemoiſelles Binet , La Martiniere.

JEUX
Meſſieurs Dangeville , Javilliers.
Meſdemoiſelles de Liſle-C. , Camargo-C.

ACTEURS ET ACTRICES
de tous les Chœurs du Prologue & de la Tragedie.

CÔTE' DU ROY.		CÔTE' DE LA REINE.	
Meſdemoiſelles	*Meſſieurs*	*Meſdemoiſelles*	*Meſſieurs*
Souris-L.	Dun pere.	Antier-C.	Le Myre-L.
Julie.	Bremon.	La Roche.	Morand.
Dun.	Flamand.	Tettelette.	Saint Martin.
Souris-C.	Levaſſeur.	Charlard.	Bertin.
Dutilli.	Deshais.	Petitpas.	Rebours.
De Kerkoffen.	Buſeau.	Cartou.	Dautrep.
	Dupleſſis.		Corail.
	Du Brieul.		Ducheſne.
	Combeau.		Houbeau.

PROLOGUE.

Le Theâtre repréfente les Avenuës de Cythere,
où les Arts achevent d'élever un Thrône
pour l'Amour.

SCENE PREMIERE.

VENUS, LES AMOURS, LES PLAISIRS, LES GRACES ET LES ARTS.

VENUS.

Atez-vous, preparez ces lieux,
Pour le plus grand de tous les Dieux.
Quel fpectacle pour une Mere !
Surles rivages de Cythere,
Mon Fils va triompher de la Terre & des Cieux.
Offrez à fes regards la plus brillante Fefte.
Achevez d'embellir cet aimable féjour.
Dans un foin fi charmant que rien ne vous arrefte.
Vous fervez Venus & l'Amour.

PROLOGUE.

CHOEUR.

Achevons d'embellir cet aimable séjour,
Dans un soin si charmant que rien ne nous arreste ;
Nous servons Venus & l'Amour.

VENUS.

La Troupe immortelle s'assemble ;
L'Amour va triompher de tous les Dieux ensemble.

SCENE II.

L'AMOUR, JUPITER, NEPTUNE, PLUTON,
& tous les autres DIEUX, caracterisez
par leurs Attributs.

MARCHE DE TRIOMPHE.

L'AMOUR est à la tête de tous les Dieux :
JUPITER le place sur le Trône élevé par les Arts.

JUPITER.

O *Vous que le Destin a soumis à ma loy,*
Dieux des Enfers, des Flots, du Ciel & de la Terre,
Ce Trône offre à nos yeux nôtre suprême Roy ;
Obéïssez, imitez-moy ;
Jupiter à ses pieds dépose son tonnerre.

Imitez le Maître des Cieux.
Tendre Amour, reçois nôtre hommage,
Tout l'Univers est ton partage ;
Tu ranges sous tes loix les Mortels & les Dieux.

A

A l'exemple de JUPITER, les autres Dieux mettent leurs Attributs au pied du Thrône de l'Amour: Et pendant qu'on luy rend hommage, le CHOEUR chante ce qui suit.

Imitons le Maître des Cieux.
Tendre Amour, reçois nôtre hommage,
Tout l'Univers est ton partage;
Tu ranges sous tes loix les Mortels & les Dieux.

L'AMOUR.

Dieux, qui vous soumettez à ma douce puissance,
Je vais regner sur vous pour combler vos desirs;
Pour prix de vôtre obéissance,
Je vous promets mille plaisirs.

Danses.

VENUS.

Au tendre Amour cédez la victoire,
Ne craignez point un Dieu si plein d'attraits:
A vous charmer il met toute sa gloire;
Pour être heureux, livrez-vous à ses traits:
Si dans ses chaînes
Il est des peines,
Quels plaisirs
Y suivent les soupirs!

Bruit de Guerre.

L'AMOUR.

Qu'entens-je! pour le bruit des armes,
Ces paisibles lieux sont-ils faits?

SCENE III.

MINERVE, Troupe de Heros, & les Acteurs de la Scene précédente.

MINERVE.

JE n'en viens point troubler les charmes ;
Tous mes Heros sont tes sujets :

Mais, jamais à Minerve ils ne sont plus fideles,
Que lorsqu'ils vivent sous tes loix.

Pour mieux briller aux yeux des belles,
Je les ay vûs cent & cent fois,
S'animer au combat par le trait qui les blesse ;
L'amour n'est pas une foiblesse
Quand il conduit aux grands exploits.

PREMIERE ENTRE'E DE HEROS.

Bruit de Chasse.

UNE SUIVANTE DE MINERVE.

Regnez sans cesse,
Tendres Langueurs,
O l'aimable foiblesse !
Le trait qui nous blesse
Enchante nos cœurs.

Que les Plaisirs soient nos vainqueurs :
Il n'en est point sans la tendresse.

Regnez sans cesse,
Tendres Langueurs,
O l'aimable foiblesse !
Le trait qui nous blesse
Enchante nos cœurs.

L'Amour nous presse,
Rendons-nous,
Cédons à ses coups,
Il n'est rien de si doux.

Regnez sans cesse,
Tendres Langueurs,
O l'aimable foiblesse !
Le trait qui nous blesse
Enchante nos cœurs.

SECONDE ENTRÉE.

LA SUIVANTE DE MINERVE.

Dieu de Cythere,
La sagesse austere
Dans d'heureux loisirs,
Ne défend pas tes plaisirs.

A tes traits vainqueurs
On se rend sans foiblesse ;
Regne, blesse
Tous les cœurs.

 # PROLOGUE.

CHOEUR DE NYMPHES DE DIANE
derriere le Theâtre.

Declarons à l'Amour une guerre éternelle,
Qu'il soit banny de nos Forests;
O Diane, aimable Immortelle,
Nous ne vous quitterons jamais.

L'AMOUR.

Quels odieux Concerts ! Dieux témoins de l'offense,
Vous le serez de la vengeance.

CHOEUR.

L'Amour est outragé,
Qu'il soit vengé.

L'AMOUR.

Ah ! pour renverser mon Empire,
Diane a trop long-temps armé mille ennemis ;
Quoy ! faut-il contre moy qu'elle seule conspire,
Quand tous les Dieux me sont soumis !

VENUS ET L'AMOUR.

Que ce superbe cœur gemisse dans ^{tes}/_{mes} *chaînes,*

Pour former seulement d'inutiles desirs :

Et sans pouvoir goûter aucun de ^{tes}/_{mes} *plaisirs,*

Qu'il éprouve toutes ^{tes}/_{mes} *peines.*

CHOEUR.

L'Amour est outragé;
Qu'il soit vengé.

FIN DU PROLOGUE.

ACTEURS
DE LA TRAGEDIE.

DIANE.   Mlle. Antier.

ORION, Fils de NEPTUNE.   M^r. Tribou.

PALLANTE, Roy des Scythes.   M^r. Chassé.

ALPHISE, Fille de BORE'E; Nymphe de DIANE.   Mlle. Pelissier.

PALEMON, Confident d'ORION. M^r. Dun.

Troupe de Guerriers THEBAINS.

UNE THEBAINE.   Mlle. Hermance.

Troupe de Nymphes de DIANE.

UNE NYMPHE de DIANE.   M^l Petitpas

Troupe de SCYTHES.

UN SCYTHE.   M^r. Dun.

Troupe de NYMPHES & de BERGERS.

UNE NYMPHE de DIANE. Mlle. Mignier.

Troupe de THEBAINS & de THEBAINES.

L'AURORE.   Mlle. Dun.

La Scene est dans Thebes en Egypte.

DIVERTISSEMENT
de la Tragedie.

PREMIER ACTE.

THEBAINS ET THEBAINES

Monsieur D-Dumoulin.

Messieurs Dumoulin-L., Savar, Tabary, Pieret.

Monsieur Laval.

Monsieur Maltair-C., Mademoiselle de Lisle.

Mesdemoiselles Petit, Tiber, Lemaire, Verdun.

DEUXIEME ACTE.

NYMPHES DE DIANE

Mademoiselle Provost.

Mesdemoiselles de Lisle, Duval, Petit, Tiber,
Duroché, Binet, La Martiniere.

TROISIEME ACTE.

SCYTHES

Monsieur Blondy.

Monsieur Laval, Mademoiselle Camargo.

Messieurs Dumoulin-L., Savar, Pieret, P-Dumoulin, Dangeville, Camargo.

Mesdemoiselles Petit, Tiber, Lemaire, Verdun, Binet, de Lisle-C.

QUATRIEME ACTE.

BERGERS

Messieurs F-Dumoulin, P-Dumoulin, Picar, Dangeville, Maltair-L., Maltair-C.

NYMPHES DE DIANE

Mademoiselle Camargo.

Mesdemoiselles Petit, Salé, Tiber, Duroché, Binet, la Martiniere.

ORION,

ORION,
TRAGEDIE.

ACTE PREMIER.

Le Theatre repréſente une Campagne couverte de fleurs. On y voit
la Statuë de Memnon, tournée du côté de l'Orient ; l'on découvre
la Ville de Thebes.
ORION eſt couché ſur un lit de verdure, dans l'équipage d'un
Chaſſeur, ſon Arc & ſes Javelots à ſes pieds.
Pendant le ſommeil d'ORION, le Theâtre s'éclaire peu à peu,
& PALEMON n'y paroît que ſur la fin.

SCENE PREMIERE.

ORION, PALEMON.

PALEMON.

Que vois-je ?.. *un foible jour luit à peine à mes*
yeux,
Et je trouve Orion dans ces paiſibles lieux !
Dans les bras du ſommeil, Ciel ! quel trouble l'agite…

ORION ſe reveillant en ſurſaut.

A

ORION,

Arrêtez, Barbare, arrêtez ;
Epuisez sur moy seul toutes vos cruautez :
Est-ce toy, Palemon ?

PALEMON.

Dans vôtre ame interdite,
D'où peut naître un si grand effroy ?

ORION.

Un songe...... Ciel ! écoute & fremis comme moy.

Je goutois le repos sous cet épais feüillage,
    Quand j'ay vû sortir d'un nuage
    Le plus charmant de tous les Dieux ;
    Il offre une Nymphe à mes yeux,
    Qu'il me destine pour partage :
Que d'attraits ! à ses pieds j'allois porter l'hommage,
    Et de mon cœur & de ma foy :
    Je vois Diane, arreste, me dit-elle ;
    Un cœur qui soupira pour moy,
    Est-il fait pour une Mortelle ?
    A ces mots, je vois la cruelle
    Armer sa main d'un trait vengeur ;
    Je tremble pour l'Objet que j'aime :
Pour luy sauver le jour, prêt à perir moy-même,
Je vole, au coup mortel je presente mon cœur ;
Mon reveil à mes yeux a dérobé le reste ;
    Mais, une Image si funeste
    M'a laissé toute ma frayeur.
Quelqu'un vient.

SCENE II.

PALLANTE, ORION.

ORION.

AH ! Seigneur, est-ce vous que je voy ?
A mes yeux je n'en crois qu'à peine ;
Du fond de la Scythie où vous donnez la loy,
Qui vous attire icy ?

PALLANTE.

C'est l'Amour qui m'ameine.

ORION.

L'Amour !

PALLANTE.

Il est trop vray, Pallante est dans sa chaîne.

ORION.

Quand Diane punit l'audace de mes feux,
Vôtre Cour fût mon seul azile,
Vous regardiez alors avec un œil tranquile
Les troubles des cœurs amoureux.

A ij

PALLANTE.

Ah ! ne rappelle pas mon crime :
Le Dieu que je bravois a frapé sa victime :

L'Amour, quand il lui plaît, lance des traits vainqueurs;
Envain contre ses feux on se met en défense :
Et c'est aux plus superbes cœurs
Qu'il fait mieux sentir sa vengeance.

A peine tu partois de ces paisibles lieux,
Où mon cœur de luy seul croyoit toûjours dépendre :
Une jeune Beauté vint s'offrir à mes yeux,
Et força ce cœur à se rendre.

ORION.

Si vous l'aimez encor, pourquoy la fuyez vous ?

PALLANTE.

Je dois l'attendre icy cette Beauté cruelle !...
Diane vient : la Nymphe est auprès d'elle.

ORION.

Diane vient ! grands Dieux !

PALLANTE.

Espere un sort plus doux.

Pour remplir du Destin la volonté suprême,
Elle met en ce jour les cœurs en liberté :
L'Amour ne peut-il pas la contraindre elle-même,
    D'adoucir pour toy sa fierté ?
Ah ! j'attends à mon tour de la Nymphe que j'aime,
    Le prix de ma fidelité.

ORION.

    L'effroy qu'un songe affreux m'inspire
Me livre tout entier aux troubles de l'amour ;
    Le Dieu qui me donna le jour
Excite moins de flots dans son terrible empire.

ENSEMBLE.

Amour, cruel Amour, désarme tes rigueurs ;
    Adoucis le poids de tes chaînes :
    Tu regnes bien mieux sur les cœurs,
    Par les plaisirs, que par les peines.

ORION.

Nous pouvons éclaircir nôtre sort en ces lieux :
    Memnon que l'Egypte revere,
Animé d'un regard de sa brillante Mere,
    Forme des sons harmonieux :
C'est ainsi que du Sort, les loix se font entendre ;
    Et bien-tôt nous allons apprendre
    Ce que nous reservent les Dieux.

Le Theâtre acheve de s'éclairer.

ORION,

PALLANTE.

Déja le retour de l'Aurore
Nous est annoncé par Phosphore.

ORION.

Les Peuples viennent s'assembler:
L'Oracle va parler.

SCENE III.

PHOSPHORE, paroît dans un Char.

PALLANTE, ORION, PALEMON,
Guerriers & Peuples Thebains.

CHOEUR.
REçoy nos chants de victoire,
Heros, digne sang des Dieux,
Ta seule image en ces lieux
Nous entretient de ta gloire:
Mais tes Sons harmonieux
Eternisent ta memoire.
Heros, digne sang des Dieux,
Reçoy nos chants de victoire.

Danses avec les Drapeaux.

UNE THEBAINE.

Tous rit,
Tout fleurit,
Dans vos retraites :
L'Etoile de Venus vous annonce un beau jour;
Chantez, unissez vos Hautbois vos Musettes :
Chantez la Mere de l'Amour :

Par des douceurs parfaites,
L'Amour pretend combler vos vœux :
Vos ames ne sont faites,
Que pour sentir ses feux.

Battez Tambours, sonnez Trompettes,
Annoncez à tout l'Univers
La gloire de ses fers.

Vous, qui livrez vos cœurs à des frayeurs secrettes,
Et du sort de vos feux voulez être informez,
Que je plains l'erreur où vous étes !
Les beaux yeux qui vous ont charmez,
Des arrests de l'Amour sont les seuls interprettes.

Battez Tambours, sonnez Trompettes,
Annoncez à tout l'Univers
La gloire de ses fers.

Danses.

SCENE IV.

L'A U R O R E & les Acteurs de la Scene
précédente.

P A L L A N T E E T O R I O N,

alternativement avec le Chœur.

V Enez éclairer l'Univers,
Venez, brillante Aurore, embellir la nature,
Vous ranimez les fleurs & la verdure,
Déja mille Oyseaux dans les airs,
Vous offrent leurs plus doux concerts.

L'A U R O R E.

Que j'aime à revoir ces rivages !
J'y viens de vos plaisirs recommencer le cours :
Je vous donne autant de beaux jours,
Que vous me presentez d'hommages.

Symphonie douce.

Cher

Cher Memnon, sur ces bords sois prodigue en miracles,
Je te quitte à regret, pour parcourir les Cieux ;
Puisses-tu dans tous tes Oracles
N'annoncer aux Mortels que les bienfaits des Dieux.

L'AURORE poursuit sa carriere.

SCENE V.

PALLANTE, ORION, PALEMON,

Guerriers & Peuples Thebains.

PALLANTE ET ORION.

INvincible Fils de l'Aurore,
Nos malheurs en ces lieux viennent de nous unir ;
C'est vous que nôtre voix implore,
Dévoilez à nos yeux la nuit de l'Avenir.

ORACLE.

Le Destin dont je suis l'interprete fidelle
Daigne m'apprendre vôtre sort :
L'un de vous doit joüir d'une gloire immortelle ;
L'autre icy doit trouver la mort.

B

ORION.

Qu'entends-je? Songe, Oracle, helas! tout m'est funeste:
Diane me poursuit toujours:
Fuyons, ce seul espoir me reste.

PALLANTE.

Amour, de tes rigueurs vas-tu finir le cours?

FIN DU PREMIER ACTE.

ACTE SECOND.

Le Theâtre repréſente un Bois.

SCENE PREMIERE.

ORION.

Uel oracle viens-je d'entendre !
C'eſt la mort que je dois attendre !
Mais, un ſonge encor plus affreux
Me cauſe une frayeur extrême :
Grands Dieux, épargnez ce que j'aime,
Et gardez tous vos traits pour mes jours malheureux.

Bruit de Cors.

B ij

SCENE II.

ORION, ALPHISE.

ALPHISE,
parcourant le fonds du Theâtre.

Quel chemin a pris la Déeſſe?
Je n'ay pû de ſa courſe atteindre la viteſſe:
Comment la retrouver dans ces vaſtes Foreſts?

ORION, obſervant ALPHISE.

Que vois-je? ô juſtes Dieux! ma ſurpriſe eſt extrême:
Voilà ſes yeux, voilà ſes traits:
Non, ce n'eſt plus un ſonge; Amour, c'eſt elle-même.

ALPHISE, appercevant ORION.

Un Chaſſeur paroît à mes yeux.

à ORION.

Jeune Inconnu, daignez m'apprendre
Quel chemin Diane a pû prendre.

ORION.

Je n'ay vû que vous en ces lieux.

ALPHISE.

A travers ces vertes campagnes,
Elle poursuit un Monstre affreux :
La crainte a dispersé les Nymphes ses compagnes ;
Mais, je cours la rejoindre.

ORION.

O soin trop dangereux !
Permettez que je le partage.

ALPHISE.

Non, non, ne suivez point mes pas.

ORION.

Pourquoy m'envier l'avantage
De vous garentir du trépas ?

Bruit de Chasse.

ALPHISE.

Mais, la Chasse icy se rassemble.

Le Monstre que Diane poursuit, & qu'elle a percé
d'un trait, vient se jetter sur ALPHISE.

O Diane, accourez, volez à mon secours.

ORION.

Nymphe, rassurez-vous : pour défendre vos jours,
Je braverois mille Monstres ensemble.

ORION combat le Monstre.

ALPHISE, pendant le combat.

Quel trouble ! quel mortel effroy !
Dieux, sauvez un Heros qui s'expose pour moy ;
Ce n'est que pour luy que je tremble.

ORION, après avoir tué le Monstre.
Le Monstre est tombé sous mes coups.

ALPHISE.
Puissent les Immortels m'acquitter envers vous !

ORION.
Pourquoy remettre aux Dieux vôtre reconnoissance ?
Vous avez en vôtre puissance
Le seul bien qui flatte mon cœur :
L'Amour seul m'a rendu vainqueur ;
Que l'Amour soit ma recompense.

ALPHISE.
L'Amour ! qu'osez-vous dire ? il doit m'être odieux :
Diane nous apprend à fuir son esclavage.

ORION.
Si j'en crois vôtre bouche, au plus charmant des Dieux
Je dois refuser mon hommage :
Si je consulte vos beaux yeux,
Ils parlent tout autre langage.

ALPHISE.
Non, n'esperez jamais désarmer ma rigueur.

ORION.
C'est à l'Amour d'achever son ouvrage.
Vous deviendrez sensible à ma fidelle ardeur :
L'Amour, le tendre Amour contre vous me rassure :
L'Auteur du tourment que j'endure
Est le garent de mon bonheur.

ENSEMBLE.

Non, ne vous flattez point { que je porte / d'échaper à } ses chaînes.

Je veux / Il doit { regner sur } mes / vos } desirs,

Il n'a pas / N'a-t-il pas } assez de plaisirs,
Pour dédommager de ses peines ?

ALPHISE.

Diane vient : partez ; perdez un vain espoir.
à part.
Helas ! plus je le vois, plus je crains de le voir.

SCENE III.

DIANE, ALPHISE, ORION,
Troupe de Nymphes de DIANE, qui dansent
à son arrivée.

DIANE.

Arrêtons-nous dans ce riant boccage.
Chere Alphise, est-ce vous ? mais, quel mortel effroy!

ALPHISE.

Sans un jeune Inconnu, ce Monstre alloit sur moy
Assouvir sa mourante rage.

D I A N E.

O *Dieux!*

A L P H I S E.

J'en tremble encor; Déesse, permettez
Que je calme un moment mes esprits agitez.

D I A N E.

à A L P H I S E , à une N Y M P H E.

Allez,   *suivez ses pas.*

A L P H I S E en s'en allant,

Cachons mon trouble extrême.

D I A N E regardant le Monstre.

Ah! ce Monstre pour toy me fait trembler moy-même;
Mais, quel est son vainqueur? qu'il se montre à
     mes yeux:
Après avoir sauvé des jours si pretieux,
     Pourquoy fuit-il de ma présence?
Veut-il se dérober à ma reconnoissance?

à O R I O N , qui se retire.

Demeurez, Ciel! que vois-je? Orion en ces lieux!

O R I O N

Déesse, j'ay pû vous déplaire;
Laissez-moy fuir.

DIANE.

Non, non ; Alphise m'est trop chere.
Demeurez, Orion ; ses jours que je vous dois
Vous permettent enfin d'attendre tout de moy :
Je sens expirer ma colere.
Reprenez près de moy vôtre place ordinaire.

J'ay triomphé d'un Monstre affreux,
Et vous avez part à ma gloire :
Que tout chante nôtre victoire.
Nymphes, que vôtre zele éclate dans vos jeux.

CHOEUR.

Un Monstre dans ces bois faisoit regner sa rage ;
Ce Monstre affreux est terrassé :
Qu'il est beau qu'un Mortel puisse achever l'ouvrage,
Qu'une Immortelle a commencé !

On danse.

UNE NYMPHE,
alternativement avec le Chœur.

Sans l'indifference,
Point de vrais plaisirs :
La paix, l'innocence,
Font tous nos desirs.

C

ORION,

CHOEUR.

Sans l'indifference,
Point de vrais plaisirs :
La paix , l'innocence,
Font tous nos desirs.

LA NYMPHE.

Nos bois sont l'azile
Des biens les plus doux :
Le plaisir tranquile
N'est fait que pour nous.

CHOEUR.

Sans l'indifference,
Point de vrais plaisirs :
La paix , l'innocence,
Font tous nos desirs.

LA NYMPHE.

Le Dieu , dont les flammes
Bannissent la paix,
Jamais dans nos ames
Ne porte ses traits.

CHOEUR.

Sans l'indifference,
Point de vrais plaisirs :
La paix , l'innocence,
Font tous nos desirs.

On danse.

UNE NYMPHE.

Jupiter s'arme de ses traits
Contre les crimes de la terre :
Diane declare la guerre
A tous les Monstres des Forests.

Danses.

DIANE.

Mais, qu'est-ce que je vois ? quel est ce Temeraire
Qui porte ses pas en ces lieux ?
Punissons cet audacieux.

****

SCENE IV.

PALLANTE, & les Acteurs de la Scene précédente.

ORION.

AH! Déeße, pour luy, calmez vôtre colere :
Vous voyez un Roy genereux
Qui protege les malheureux.

DIANE.

Qu'il approche.

ORION.

Le Dieu que vôtre cœur condamne,
Pour enflammer Pallante a choisi vôtre Cour ;
Permettez, auguste Diane,
Qu'à la faveur de ce grand jour,
Il vous demande icy l'Objet de son amour.

PALLANTE.

Déeße, pardonnez l'hommage
Que la Beauté dispute aux Dieux ;
Elle en est la vivante image,
Les soupirs sont l'encens qu'on doit à deux beaux yeux :
Permettez qu'avec vous Alphise le partage,

ORION, à part.

Alphise ! ô Ciel :

DIANE, à PALLANTE.

Diane est propice à vos vœux ;
En faveur d'Orion, elle approuve vos feux.

FIN DU SECOND ACTE.

TROISIE'ME ACTE.

Le Theâtre repréfente l'embouchure du Nil,
ce Fleuve eft environné de Rochers.

SCENE PREMIERE.
ALPHISE.

U'ay-je entendu? tout m'apprend en ces lieux,
Que l'aimable Inconnu dont je crains la ten-
  dreffe ;
Eft ce même Orion, qu'autrefois la Déeffe
  Avoit banny loin de fes yeux!

Un prix bien different a fuivy fon audace ;
Diane le punit ; Alphife luy fait grace.

  Ah! ne m'as-tu fauvé la vie,
   Qu'aux dépens de ma liberté?
Faudra-t-il qu'à jamais elle me foit ravie!
Que devient ma raifon : que devient ma fierté?
   Ah ! ne m'as-tu fauvé la vie,
   Qu'aux dépens de ma liberté?

Appercevant ORION.
Orion : Ciel ! fuyons.

SCENE II.

ORION, ALPHISE.

ORION.

Quelle rigueur extrême !
Pourquoy fuyez-vous qui vous aime ?
ALPHISE.
Quoy ? vous parlez encor d'amour !
ORION.
Un Rival plus heureux vous en parle à son tour.
ALPHISE.
Un Rival ! qu'osez-vous me dire ?
ORION.
Un grand Roy qui pour vous soupire
Fait briller à vos yeux la suprême grandeur ;
Il vous offre un puissant empire ;
Je ne puis offrir que mon cœur.

ALPHISE.
Si j'aspire à regner, ce n'est que sur moy-même,
Et j'en fais mon bonheur suprême :
Mais , d'un desir ambitieux,
Lorsque vous soupçonnez mon ame ,
Après vôtre premiere flâme,
Pouvez-vous pour Alphise avoir encor des yeux ?
Des feux qu'allume une Immortelle,
Doivent être immortels comme elle.

ORION.

Non, je ne l'aimeray jamais:
J'ay pû l'aimer, pardonnez-moy ce crime;
Je n'avois pas encor adoré vos attraits;
Mais, grace au beau feu qui m'anime,
Non, je ne l'aimeray jamais.

ALPHISE.

Vous sçavez qu'autrefois, pour prix de vôtre audace,
Diane avoit sçû vous bannir;
Est-ce à moy de vous faire grace?

ORION.

Se peut-il que l'amour soit un crime à punir?

ALPHISE, en se retirant.

Laissez-moy, c'est trop vous entendre.

ORION.

Vous me fuyez! Amour, daigne la retenir:
Pouvez-vous condamner l'hommage le plus tendre?

ALPHISE.

Quel charme! quel pouvoir secret!
Mon cœur ne se rend qu'à regret;
Mais, il ne peut plus se défendre.

ORION.

Amour, j'obtiens le prix que tu m'as fait attendre.

ALPHISE.

Quel prix?

ORION.

Dans un songe flatteur;
Ce Dieu charmant m'a promis vôtre cœur.

ALPHISE.

Separons-nous ; Diane icy peut nous surprendre.

ORION.

Elle vous aime, & j'ay sauvé vos jours ;
Peut-elle condamner de si belles amours ?
Pour nôtre hymen souffrez que je l'implore.

ALPHISE.

Je tremble : Ah ! n'allez pas luy découvrir encore,
Que je reconnois un Vainqueur ;
En luy parlant d'hymen, prenez soin qu'elle ignore,
Que l'Amour regne sur mon cœur.

SCENE III.

ORION.

MOn bonheur passe mon attente ;
Pour moy l'aimable Alphise est prête à dédaigner
La grandeur la plus éclatante ;
Et ce n'est que sur moy qu'elle pretend regner ;
Cependant je trahis Pallante :
L'amour & le devoir me parlent tour à tour ;
Mais, dois-je à l'amitié sacrifier l'amour.

Diane vient ; de la fête nouvelle,
C'est à moy seul que le soin est commis :
Allons meriter par mon zele
Un bien que l'Amour ma promis.

SCENE

SCENE IV.

DIANE.

OU vais-je ! où s'égarent mes pas ?
Dans mon cœur interdit, quel trouble vient de naître ?
Helas ! je ne me connois pas,
Et je tremble de me connaître,
Je forme de nouveaux desirs ;
Les Prez, les Bois & les Campagnes,
Mon Arc, mes Javelots, les Nymphes mes compagnes,
Ne font plus de mon cœur les innocents plaisirs.

Vas-tu m'abandonner, Repos si plein de charmes,
Dont je suivois l'aimable loy ?
Et toy, source de tant d'allarmes,
Amour, cruel Amour, viens-tu regner sur moy ?

J'ay fuy, j'ay condamné, j'ay détesté ta flamme :
Faut-il que malgré-moy j'y trouve des attraits ?
Je sens dans le fond de mon ame
Ce que je ne sentis jamais.

Vas-tu m'abandonner, Repos si plein de charmes,
Dont je suivois l'aimable loy ?
Et toy, source de tant d'allarmes,
Amour, cruel Amour, viens-tu regner sur moy ?

SCENE V.

DIANE, ALPHISE.

ALPHISE.

DEeſſe, quelle inquietude
Vous oblige à nous fuir?

DIANE.

O Ciel!

ALPHISE.

Quels triſtes ſoins!

DIANE.

Ne les penetre pas; je n'en veux pour témoins,
Que les rochers de cette ſolitude.

ALPHISE.

Si vous m'aimez toûjours, pourquoy me les cacher?

DIANE.

Helas!

ALPHISE.

Vous ſoupirez! m'eſt-il permis de croire....

DIANE.

Ah! garde-toy de m'arracher
Un aveu qui bleſſe ma gloire.

ALPHISE.

Si j'oſois vous déſobéir;
A l'ardeur de mon zele en feriez-vous un crime?
Ce ſoupir vient de vous trahir;
C'eſt ainſi que l'Amour s'exprime.

DIANE.

L'Amour!

ALPHISE.

Pardonnez mon erreur.......

DIANE.

Ton erreur! chere Alphise, il n'est plus temps de feindre;
Tu ne t'abuses point ; mon trouble, ma langueur,
Mes soupirs échapez, helas ! tout me fait craindre,
Que l'Amour ne soit mon vainqueur.

ALPHISE.

Pourquoy rougir d'une foiblesse,
Que vôtre cœur partage avec tout l'Univers ?
Les Cieux, la Terre, & les Enfers,
Tout ressent le trait qui vous blesse :
Pourquoy rougir d'une foiblesse,
Que vôtre cœur partage avec tout l'Univers ?

DIANE.

Par le soin que tu prends d'excuser la tendresse,
Je vois trop que l'Amour t'a soumise à sa loy.

ALPHISE.

Moy !

DIANE.

Dans ton sort Orion m'interesse.

ALPHISE.

Orion ! Ciel ! qu'entends-je ?

DIANE.

Il m'a parlé pour toy.

D ij

Suy le doux penchant qui t'entraîne ;
Je veux d'un tendre Amant faire un heureux Epoux :
Tu ne me réponds rien !

A L P H I S E.

                    Je l'accepte avec peine ;
Mais, il doit m'être cher, quand je le tiens de vous.

D I A N E.

Le bonheur de tes jours fait ma plus chere envie.

A L P H I S E.

Pour prix d'un soin si tendre & si peu merité,
Je ne mettray jamais le bonheur de ma vie,
        Que dans vôtre felicité.
Mais, Déesse, achevez de rompre le silence,
        Nommez-moy cet heureux Vainqueur
        Qui triomphe de vôtre cœur.

D I A N E.

C'est trop à ma fierté faire de violence,
Quand je dois m'imposer un silence éternel :
J'ay bravé tous les Dieux, & j'adore un Mortel :
L'Amour pouvoit-il mieux signaler sa vengeance !

A L P H I S E.

Et quel est ce Mortel ?

D I A N E.

                    Ah ! n'exige plus rien
D'un cœur aussi fier que le mien.

Prête à te le nommer, je sens ma voix tremblante :
Pren pitié de mon foible cœur ;
Je vais de son prochain bonheur
Assurer le tendre Pallante.

ALPHISE.

Pallante : ô Ciel !

DIANE.

Pallante est en ces lieux :
Tu l'ignorois encor ?

ALPHISE.

Mon trouble.....ma surprise.....

DIANE.

Ne crain rien ; un amour que Diane autorise,
Peut paroître à ses yeux.

SCENE VI.

ALPHISE.

PAllante est en ces lieux ! ô disgrace fatale !
    Il sera mon Epoux ! ô comble de malheur !
Diane aime un Mortel ! Diane est ma Rivale !
    Eh ! quel autre que mon Vainqueur,
Auroit pû triompher d'un si superbe cœur ?

Infortunez Amants, quel sort sera le nôtre ?
C'est envain que l'Amour fit nos cœurs l'un pour l'autre.

Objet de tous mes vœux, un autre auroit ma foy !
Pardonne mon erreur à ma tendresse extrême :

    Le cœur trop plein de ce que j'aime,
J'ay crû qu'on ne pouvoit me parler que de toy ;
    Le cœur trop plein de ce que j'aime,
    Tout étoit Orion pour moy.

Marche de Scythes de la suite de PALLANTE.

SCENE VII.

PALLANTE, ALPHISE.

PALLANTE.

Nymphe, pour rendre hommage aux beaux yeux que
    j'adore,
Je viens en ces climats des bouts de l'Univers :
    Brûlé du feu qui me devore,
    J'ay bravé les vents & les mers ;
Mais le plaisir charmant de vous revoir encore
Me recompense assez des maux que j'ay soufferts.
    C'est peu de revoir ce que j'aime ;
Diane à mes desirs offre un bonheur suprême ;
    L'Hymen doit couronner mes feux :
Il ne me reste plus, pour voir combler mes vœux,
    Qu'à vous obtenir de vous-même.

ALPHISE.

Prince, vous sçavez trop combien jusqu'à ce jour,
A mon paisible cœur, la liberté fut chere.

PALLANTE.

    Ah ! si l'Amant eut sçû vous plaire,
    Vous n'auriez jamais fui l'Amour.
Dans le sein des frimats j'ai vû naître ma flamme ;
Rien n'a pû rallentir mes desirs empressez ;
Mais, le froid rigoureux de nos climats glacez,
    A passé jusques dans vôtre ame.

A L P H I S E.

Helas ! que n'est-il vrai !

P A L L A N T E.

Vous soupirez ! ô Dieux !
Belle Alphise, est-ce à moi que ce soupir s'adresse ?
Répondez-vous à ma tendresse ?
Puis-je flatter mon cœur d'un sort si glorieux ?

A L P H I S E.

Ah ! ne me pressez pas d'en dire davantage.

P A L L A N T E.

Quoi ! j'aurois pû toucher la Beauté qui m'engage!

J'abandonne mon ame aux transports les plus doux ;
Non, la Terre, non, le Ciel même ;
Non, tous les Immortels dans leur grandeur suprême
N'ont rien dont mon cœur soit jaloux :

Dieux, on peut s'égaler à vous,
Quand on sçait plaire à ce qu'on aime.

Vous qui m'avez suivy dans cet heureux séjour,
Peuples que Borée a vû naître,
Celebrez à l'envy l'Objet de mon amour ;
Vôtre zele pour moi ne sçauroit mieux paraître :

Unissez vos voix, chantez-tous :
Faites de vos Concerts retentir ce rivage :
Presentez ce premier hommage
A l'aimable Beauté qui doit regner sur vous.

SCENE

SCENE VIII.

PALLANTE, ALPHISE, Troupe de Scythes.

CHOEUR.

UNissons nos voix, chantons-tous ;
Faisons de nos Concerts retentir ce rivage :
    Presentons ce premier hommage
A l'aimable Beauté qui doit regner sur nous.

On danse.

UN SCYTHE.

    Dans nos climats,
    L'Amour ne regne guere ;
    Faut-il qu'une loy trop sévere
    Nous condamne à n'aimer pas ?
    Que dans nos cœurs comme sous nos pas
    Naissent les frimats.

        Dieu des cœurs,
Que tout soit soumis à tes traits vainqueurs ;
    Fais qu'avec tes vives flammes,
    Les plaisirs s'emparent de nos ames :
    Dieu remply d'attraits,
    Pour goûter des biens parfaits,
C'est sur toy qu'il faut que tout se fonde ;
    N'es-tu pas l'ame du monde ?
    Hâte-toy ; réponds à nos vœux ;
    Pour le rendre heureux,
    Tu dois lancer tes feux.

E

PALLANTE à ALPHISE.

Hâtez-vous de regner sur ce peuple fidelle,
Dont vous voyez briller l'ardeur:
Venez, charmante Alphise; achevez mon bonheur.

ALPHISE.

La Déesse m'attend; vous connoissez mon zele;
Son ordre souverain à la feste m'appelle.

PALLANTE.

Ah! c'est au pied de ces Autels,
Que Pallante va vous attendre:
Helas! dans ces jeux solemnels,
Il ne tient qu'à vous de me rendre
Le plus fortuné des Mortels.

FIN DU TROISIE'ME ACTE.

ACTE QUATRIE'ME.

Le Theâtre repréſente le Temple de Diane ; on y voit
les Attributs de cette Déeſſe & ceux de l'Amour,
confondus. Un Trône eſt élevé au milieu.

SCENE PREMIERE.

ORION.

Ve tu me fais trembler triſte & pompeuſe Fête,
Qui des plus tendres cœurs dois couronner
    la foy !
Faut-il pour un autre que moy,
Qu'avec tant de ſoins je t'aprête ?

Pallante eſt mon Rival, & j'ay parlé pour luy ;
La Déeſſe à mes yeux va luy donner Alphiſe :
  Tendre Amour, tu me l'as promiſe ;
  Je n'eſpere qu'en ton appuy.

Que tu me fais trembler, &c.

E ij

S C E N E II.

O R I O N, A L P H I S E.

O R I O N.

JE vois Alphise.

A L P H I S E.

O Ciel ! Orion en ces lieux !
Sauvons-nous...

O R I O N.

Demeurez.

A L P H I S E.

Fuyez loin de mes yeux ;
Vôtre presence icy me cause trop d'allarmes.

O R I O N.

Qu'ils ont d'attraits pour vôtre amant,
Ces beaux yeux où l'Amour prend ses plus fortes armes !
Je ne sçais qui l'emporte en cet heureux moment,
De mes plaisirs, ou de vos charmes.

A L P H I S E.

Arrêtez : Ce n'est plus à mes foibles attraits
Qu'il faut que ce transport s'adresse ;
C'est sur le cœur d'une Déesse,
Que pour vous rendre heureux, l'Amour lance ses traits.

ORION.

Que dites-vous?

ALPHISE.

Diane......

ORION.

O Ciel!

ALPHISE.

Elle vous aime;
Elle vous retient dans sa Cour:
Pardonner un crime d'amour,
N'est-ce pas sentir l'amour même?

ORION.

Dieux! qu'osez-vous me declarer!
Quoy! Diane à l'Amour autrefois si contraire.....
Mais, non; elle veut penetrer,
Si je suis encor temeraire;
C'est à vous de la rassurer.

ALPHISE.

La rassurer! je tremble : ah! craignez sa colere;
Il y va de vos jours qu'elle sçache vous plaire:
Les Dieux sont cruels & jaloux.

ORION.

O Ciel! vous voulez que je l'aime!
Si quelqu'heureux Rival n'étoit aimé de vous,
Vous ne parleriez pas de même.

Qu'ai-je fait, malheureux! ô tourment sans égal!
Faut-il que le sort m'y condamne!
à ALPHISE.
J'ai tantost pour Pallante interessé Diane:
Je vous livre moi-même au pouvoir d'un Rival:
Je vous avois caché qu'il fût sur ce rivage;
Je pressentois le sort que j'éprouve en ce jour:
La fiere ambition l'emporte sur l'amour.

ALPHISE.

Ciel! & c'est Orion qui me fait cet outrage!
Fuyez; laissez-moi seule en proye à mes malheurs;
Vous ne meritez pas de voir couler mes pleurs.

ORION.

Ah! les repandez-vous ces prétieuses larmes,
Pour le plus tendre des Amants?

ALPHISE.

Plus pour vous mes pleurs ont de charmes,
Plus vous souffrirez de tourments;
Car enfin à Diane il faut que j'obéisse;
Et Pallante est choisi pour être mon Epoux.

ORION.

Mon trépas, ou le sien préviendra mon suplice:
ALPHISE.
Vôtre trépas? grands Dieux!
ORION.
Puis-je vivre sans vous!

ALPHISE.

Eh bien ; ne craignez plus une fatale chaîne ;
Je n'accepterai point un Epoux odieux.

ORION.

Si vous le refusez , vôtre perte est certaine.

ALPHISE.

Esperons le secours des Dieux.

ORION.

Mais , pour Pallante enfin , si Diane prononce ;
S'il faut que vôtre cœur s'explique sans détour ,
Que lui répondrez-vous ?

ALPHISE.

Fiez-vous à l'Amour ,
Il me dictera ma réponse.

ENSEMBLE

Vole , Amour , vien nous secourir ;
D'un injuste pouvoir nous sommes les victimes ;
Mais c'est toi qui fais seul nos crimes ;
Voudrois-tu nous laisser perir ?
Vole , Amour , vien nous secourir.

ALPHISE.

La Déesse paroist , je vous laisse avec elle ;
Dérobons-lui mon trouble , & ma douleur mortelle.

SCENE III.

DIANE, ORION.

DIANE.

Pour celebrer mes nouveaux Jeux,
Tout m'annonce les soins que vous venez de prendre.

ORION.

Mon zele..... mon ardeur....

DIANE.

Vous en devez attendre

Un sort qui passe tous vos vœux :
Je n'ai plus de vengeance à prendre
Du crime de vos premiers feux.

ORION.

Déesse, quel encen ne dois-je pas vous rendre.

DIANE, à part.

Quel encen ! Ciel ! quelle froideur !
L'Ingrat ! mais gardons le silence.

à ORION.

Allez, & prenez soin que la Feste commence ;
Bien-tost vous connoitrez mon cœur.

SCENE

SCENE IV.

DIANE.

*F*Atal Auteur de mes allarmes,
Triomphe, Dieu cruel; tu vois couler mes larmes!

Quelle estoit mon erreur! ah! je ne croyois pas
Que l'amour eût des maux plus grands que l'Amour
    même.
    J'ignorois le supplice extrême,
De soûpirer pour des ingrats.

    Fatal Auteur de mes allarmes,
Triomphe, Dieu cruel; tu vois couler mes larmes.

    Mon plus doux espoir est trahi!
    Je ne regne plus dans son ame!
J'ay moy-même ordonné qu'il éteignit sa flamme;
    Il ne m'a que trop obéi.
Mais, peut-être son cœur.... ô douleur sans égale!
On vient... ah! s'il se peut, découvrons ma Rivale.

SCENE V.

DIANE, PALLANTE, ORION, ALPHISE,
Troupe de Nymphes & de Bergers.

DIANE.

PEuples, enfin voicy le jour
    Marqué par un ordre suprême ;
L'inſtant fatal approche, où Diane elle-même
Va faire triompher l'Amour.

à ſes NYMPHES.

O vous, dont la cour m'environne,
S'il en eſt temps encor, Nymphes, écoutez-moy.
Au dangereux Amour, quand je vous abandonne,
Du Deſtin à regret j'execute la loy.
Je ſens plus que jamais combien il eſt à craindre ;
    Mais, je ne veux pas vous contraindre ;
Et vous pouvez ſans crime, engager vôtre foy.

DIANE ſe place ſur ſon Trône.

Pendant les Danſes, deux Nymphes apportent
une Corbeille remplie de Guirlandes ; les Nymphes
qui veulent s'engager ſous les loix de l'Hymen
en reçoivent une de la main de Diane, & vont la
preſenter aux Bergers qu'elles ont choiſis pour
Epoux.

Les Paroles suivantes ont été faites depuis l'Impression de la Musique, sur l'Air en Rondeau, *p.* 252. On pourra facilement les y appliquer.

UNE NYMPHE.

Que l'Amour est un charmant vainqueur :
    Qu'il inspire d'allegresse
    Quand il blesse !
Que l'Amour est un charmant vainqueur !
    Puisse-t-il regner sans cesse
    Dans mon cœur !

    Que ses traits
    Sont pleins d'attraits !
    J'en ignorois l'usage;
    Quel dommage !
    Quels regrets !

Que l'Amour est un charmant vainqueur !
    Qu'il inspire d'allegresse
    Quand il blesse !
Que l'Amour est un charmant vainqueur !
    Puisse-t-il regner sans cesse
    Dans mon cœur !

    Ah ! que j'aime
    Tendrement !
    Que mon Berger est charmant !
    Je crois avoir l'Amour même
    Pour Amant.
Que l'Amour , &c.

C H OE U R,

Que du nom de Diane icy tout retentiſſe;
Qu'il vole en cent climats divers,
Qu'il rempliſſe
Tout l'Univers.

La N Y M P H E preſente une Guirlande à un Berger,

& danſe avec luy.

L A N Y M P H E.

Sans peine,
L'Amour m'entraîne:
Je quitte nos bois
Pour vivre à jamais ſous ſes loix.
Ma chaîne nouvelle
Fait mon bonheur;
Un Berger fidelle
Engage mon cœur;

Mais ſi ce Berger
Quelque jour doit changer;
Non, je ne veux plus m'engager.
Amour, qui reçois mes vœux,
Réponds-moi de ſes feux,
Ou je briſe auſſi-toſt mes nœuds.

CHOEUR.

Que du nom de Diane icy tout retentisse ;
  Qu'il vole en cent climats divers,
      Qu'il remplisse
      Tout l'Univers.

DIANE presentant une guirlande à ALPHISE.

Jeune Nymphe, à Pallante, offrez à vôtre tour
  Ce cher gage de vôtre amour.

ALPHISE.

Moy! Déesse! à l'Amour j'ay toûjours fait la guerre,
D'une éternelle paix laissez-moi les douceurs :
      Rien n'est si beau sur la terre,
      Que la liberté des cœurs.

DIANE.

Qu'entends-je ? quelle est ma surprise !

PALLANTE.

Quel mépris ! quel outrage ! ô Dieux !

DIANE, à ALPHISE.

Quoy! vous refusez à mes yeux
Un Epoux que je favorise,
Et dont vous approuvez le choix !

ALPHISE.

Laissez-moy plus long-temps suivre vos douces loix.

D I A N E, à A L P H I S E.

Je vous entends. Je sçais ce qu'il faut que je pense.
à PALLANTE.
Prince, esperez un sort plus doux.
A sa suite.
Nymphes, Bergers, retirez-vous.
Alphise, demeurez.

O R I O N, en s'en allant.

Dieux ! prenez sa défense.

SCENE VI.
DIANE, ALPHISE.
DIANE.

ALphise, pour Epoux je vous offre un grand Roy;
Il vous adore ; il est digne qu'on l'aime ;
Vous m'avez avoüé vous-même,
Qu'il vous seroit bien doux de le tenir de moy :
Et vous le refusez ! quel dessein est le vôtre ?
Me serois-je méprise au choix de vôtre Amant ?
Avez-vous cru qu'en ce moment,
Ma bouche parlât pour un autre ?
Mais quel est ce nouveau vainqueur ?

ALPHISE.

La liberté m'est toûjours chere.
L'Amour est trop cruel.

DIANE.

Laissez un vain mistere.
Ah ! je ne lis que trop au fonds de vôtre cœur.
J'ay vû pendant toute la Feste
Les regards d'Orion sur vous seule attachez ;
Mais, ne prétendez pas garder vôtre conqueste,
C'est à moy que vous l'arrachez.

Tremblez ; l'Amour jaloux, de mon ame s'empare ;
Mon cœur n'étoit point fait pour sentir la fureur ;
Mais, puisque l'on me force à devenir barbare,
Je remplirai ces lieux d'horreur.

ALPHISE.

Faites tomber sur moy toute vôtre vengeance ;
Mais, en punissant mon offense,
Gardez pour Orion des sentiments plus doux.

DIANE.

L'Ingrat ! qu'il perde l'esperance
De pouvoir jamais être à vous.
Mais, au gré de mes vœux, ma vengeance est trop lente ;
Venez sur un funeste autel,
Recevoir la main de Pallante,
Ou tomber sous le coup mortel.

ALPHISE.

Ah ! faut-il, cher Amant, que la mort nous separe !

DIANE.

Tremblez ; l'Amour jaloux, de mon ame s'empare ;
Mon cœur n'étoit point fait pour sentir la fureur ;
Mais, puisque l'on me force à devenir barbare,
Je rempliray ces lieux d'horreur.

FIN DU QUATRIEME ACTE.

ACTE

ACTE CINQUIEME.

Le Theâtre repréfente un Bois : On y voit un Autel
dreffé, fur lequel on a mis, d'un côté le flambeau
de l'Hymen, & de l'autre un couteau mortel.

SCENE PREMIERE.
DIANE.

A Mour, redoutable vainqueur,
Quel jour prends-tu pour ta vengeance ?
Par mon inflexible rigueur,
Je t'ay fait jufqu'icy la plus fenfible offenfe ;
Mais, dois-tu m'en punir, lorfque mon lâche cœur,
Helas ! n'eft avec toy que trop d'intelligence ?
Amour, redoutable vainqueur,
Quel jour prends-tu pour ta vengeance ?

Vangeons-nous à nôtre tour,
L'Amour me rend inhumaine ;
Brifons la fatale chaîne
Qu'il veut former en ce jour ;
Il n'appartient qu'à la Haine
De me venger de l'Amour.

G

SCENE II.

D I A N E, O R I O N.

O R I O N, *regardant l'Autel.*

Pour qui destine-t-on cet appareil barbare ?

D I A N E.

Pour ton Amante.

O R I O N.

O Ciel ! je frissonne d'horreur.

D I A N E.

Quel vain remord de ton ame s'empare ?
N'est-ce pas toy, Cruel, qui luy perces le cœur ?

O R I O N.

Moy !

D I A N E.

C'est ton seul amour qui lui devient funeste :
Jette les yeux sur cet Autel ;
Voy ce flambeau d'Hymen, voy ce couteau mortel,
Le choix est tout ce qui luy reste.

O R I O N.

Helas ! c'en est donc fait, Alphise va mourir !

D I A N E.

Quoy ! tu la crois assez fidelle,
Pour braver le trépas que je lui vais offrir !

ORION.

Jugez-en par mes pleurs.

DIANE.

Quelle injure nouvelle ?
C'en est trop, hâtons-nous de la sacrifier ;
Dans son perfide sang il est temps d'expier
Le crime de ces pleurs que tu répands pour elle.

ORION.

Ah ! Barbare..... eh ! comment à des traits si cruels,
Reconnoître les Dieux pour Maîtres de la terre !
Dût sur moy tomber le tonnerre,
J'irai, j'irai par tout renverser leurs Autels.

ENSEMBLE.

Transports de haine & de rage
Emparez-vous de mon cœur ;
Amour, c'est toy qu'on outrage,
Vole en ces lieux, Dieu vengeur ;
Vien, répands sur ce rivage.
L'effroy, la mort & l'horreur :
Transports de haine & de rage,
Emparez-vous de mon cœur.

DIANE.

Quoy ! contre mon pouvoir suprême,
Crois-tu deffendre encor l'objet de ton amour ?

ORION.

Alphise va perir ; pour lui sauver le jour,
Je braverois Jupiter même.

ORION,

DIANE.

Mais, toy qui l'oses secourir,
Sçais-tu que d'un regard je puis te mettre en poudre ?

ORION.

Un Mortel peut braver & Diane & la foudre,
Quand il ne cherche qu'à perir.

ENSEMBLE.

Transports de haine & de rage
Emparez-vous de mon cœur ;
Amour, c'est toy qu'on outrage,
Vole en ces lieux, Dieu vengeur ;
Vien, répands sur ce rivage,
L'effroy, la mort & l'horreur :
Transports de haine & de rage,
Emparez-vous de mon cœur.

SCENE III.

DIANE, PALLANTE, ORION, ALPHISE.

Troupe de Peuples THEBAINS.

DIANE, à ALPHISE.

APproche, odieuse Rivale,
   Tu vois cet appareil nouveau,
  Que cet Autel à tes regards étalle;
Tu peux monter au trône, ou descendre au tombeau.
Je devrois dans ton sang expier ton offense;
Mais, je veux bien encore exercer ma clemence:
   Chosis ce fer, ou ce flambeau.
Hâte-toy.

ORION.
   Je fremis:

ALPHISE.
       Croit-on que je balance?

Elle prend le couteau mortel.

Voilà mon choix.

ORION s'avançant vers l'Autel.
Grands Dieux!

PALLANTE, en luy arrachant le couteau mortel.

      Vous ne balancez pas
Entre Pallante & le trépas!

ALPHISE, à PALLANTE.

Je vois mon injustice extrême,
Vous meritez un autre sort :
Mais, puis-je offrir un cœur qui n'est plus à moi-même :
Je ne puis être à ce que j'aime,
Je ne dois chercher que la mort.

DIANE, à PALLANTE.

Ah ! laissez perir l'Inhumaine.

PALLANTE à DIANE.

Toute ingrate qu'elle est, en suis-je moins charmé ?
Et dois-je meriter sa haine ?
Non, non, il est temps qu'elle apprenne
Que j'étois digne d'être aimé.

à ALPHISE.

Nymphe, j'ay tout quitté pour vous suivre en tous lieux;
Dans ce fatal moment j'atteste encor les Dieux,
Que jamais mon ardeur ne fût plus violente :
Je ne vous vis jamais si belle, si charmante ;
Mais, on veut à mon sort vous unir malgré vous,
Et vôtre mort seroit mon crime :
Vivez ; & vous, Dieux en courroux,
Ne prenez que moy pour victime.   Il se tuë.

ALPHISE.
Helas!

PALLANTE.
Avec mon sang, je vois couler vos pleurs ;
Mon sort est trop heureux. Je meurs.

ORION.
Que je plains son destin! Mais, que je sens d'allarmes!
Alphise va tomber sous de funestes coups.

SCENE DERNIERE.

DIANE, ORION, ALPHISE,
& les Peuples THEBAINS.

DIANE.
QUoy ? je ne vois couler que du sang & des larmes!
Se peut-il que pour moy ce spectacle ait des charmes!
A quoy m'as-tu portée, implacable courroux ?
Est-ce à moy de ceder au feu qui me dévore ?
Suis-je Diane ? ô Ciel! dans mes transports jaloux,
      Puis-je me reconnoître encore ?
      Tout ce que je vois en ces lieux,
Reproche à mon amour, son injustice extrême ;
      Pallante expirant à mes yeux,
      Aime mieux s'immoler luy-même,
      Que de contraindre ce qu'il aime ;
Faut-il que les Mortels montrent l'exemple aux Dieux!
Je le dois cet exemple aux cœurs que l'Amour blesse :
      à ORION & à ALPHISE.
Publiez ma victoire, oubliez ma foiblesse.

L'Amour m'a soûmise à sa loy,
Je commande à l'Amour en cedant ce que j'aime:
L'Amour a triomphé de moy ;
Je triomphe de l'Amour même.

Vivez, heureux Amants, j'ay voulu vous punir,
Je n'aspire qu'à vous unir.

ORION, ALPHISE & les Peuples.

Chantons la nouvelle victoire,
Et de Diane & de l'Amour :
Que tout applaudisse à la gloire,
Qui les couronne tour à tour.

FIN DE LA TRAGEDIE.

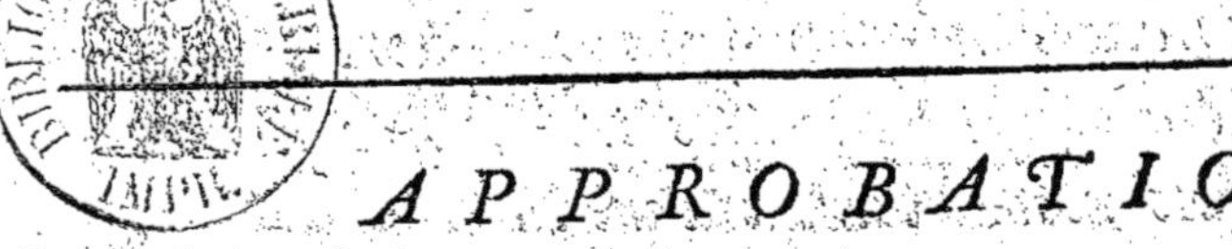

A P P R O B A T I O N.

J'AY lû par ordre de Monseigneur le Garde des Sceaux, la Tragedie d'O R I O N. A Paris ce seiziéme jour de Fevrier 1728. G A L L Y O T.

La premiere Représentation de cette Piece a été remise au Jeudy suivant dix-neuviéme du même mois de Fevrier 1728.

AU MONT-PARNASSE,
Ruë Saint Jean de Beauvais.

ON vend la Musique de l'OPERA d'ORION,
    Partition in-quarto.   12. l.

Les O P E R A *précedents* de la même forme, sont du même prix.

Ceux de *Lully*, & *autres*, de la forme in-folio, à *l'exception*
    des rares, sont chacun, de   20. l.

Le *Catalogue cronologique*, depuis l'établissement de l'Aca-
    demie, en fournit un *Détail exact*. On le vend   12. s.

On ne vend chaque Livre de *Paroles* in-quarto, que   30. s.

Et le Recueil general in-douze, qui a actuellement
    onze Volumes, qu'à raison de cinquante sols le Volume, 27. l. 10. s.

Il y a d'autres A M U S E M E N T s de Musique In-douze,
    qui sont les *Parodies*, les *Brunettes*, les *Tendresses Bachi-*
    ques, la *Clef des Chansonniers*, les *Rondes*, les *Menuets*;
    le tout au nombre de *quatorze Volumes* propres à chan-
    ter & à joüer, à cinquante sols le Volume,   35. l.

Les *Meslanges de Musique* Latine, Françoise & Italienne;
    Trois Années, à huit livres piece,   24. l.

    Chaque Saison de l'Année,   2. l.

Chaque Volume des *trente Années* de *Mois* qui ont pré-
    cedé ce Recueil, à *l'exception des rares*.   8. l.

Les M E T H O D E S, de *l'Affilard*, de *la Musique Theorique*
    & Pratique, des Principes de Flutes d'*Hottere*, à 50. s. piece, 7. l. 10. s.

Les *Principes par* D. *&* R. & les trois *Methodes* de Plain-Chant. 4. l.

Le *Dictionnaire* de Musique de *Brossard*.   9. l.

Le *Traité de l'Harmonie*, Volume in-quarto de *Rameau*, 12. l.

    Son nouveau *Systême de Musique*,   3. l.

    Ses Pieces de C L A V E C I N, celles de *Marchand*,
    & celles de *differents Auteurs*, à 40. sols, chaque Livre, 8. l.

Celles de *d'Anglebert*,   10. l.

Les deux Livres de C A N T A T E S de *Morin* & la Chasse, 15. l.

Toutes celles de *Clerambault*,   50. l. 10. s.

Celles de *Batistin*, quatre Volumes,   15. l.

Celles de *Gervais*, Volume In-folio,   5. l.

Celles de *differents Auteurs*, six Volumes In-folio, 15. l.

                 Trois Volumes In-quarto,   3. l.

Celles de *Campra*, deux Volumes,   10. l.

Chaque Livre de ses MOTETS, ceux de *Brossard*, *Morin*, *Lochon*,
    Valette, *Bournonville*, *Astier* & *Suffret*, In-fol. à 5. l. piece, 60. l.

Trois Livres *Italiens de differents Auteurs* ; le dernier nou-
veau, à deux livres dix fols,   7. l. 10. f.
Les neuf Leçons de Tenebres de *Broſſard* , de même forme ,   5. l.
Celles de *Nivers* , In-octavo ,   1. l. 5. f.
Ou In-quarto avec les *Paſſions* , de ſa Compoſition ,   7. l. 10. f.
Les *Cantates* de Mlle de *Laguerre* , ſur des ſujets de l'Ecriture.   10. l.
Eſther , les *Stances Chrétiennes* , & les *Cantiques de Collaſſe* , in-4°.   15. l.
Les MESSES *en Muſique* , à 4. 5. & 6. Parties , à l'uſage des
Cathedrales , ſur le pied de *dix ſols la Partie.*
On vient de réimprimer d'Auxcouſteaux , *Secondi Toni.*
de Coſſet , *Gaudeamus* , & de d'Helfer , *pro Defunctis.*
On vend les *Pieces* d'ORGUE de *Boivin* , ſes deux Livres.   30. l.
Le dernier Livre ſeparément.   10. l.
Celles de *Grigny* , & de *Corette* , chacune   5. l.
On vend auſſi les *Ouvertures* des Opera de *Lully* , Parodiées
& imprimées in-folio ſans retourne , pour être propres
à joüer & à chanter ,   4. l.
Les *Charmes de l'Harmonie* , In-folio ,   7. l. 10. f.
Les *Mille-&-un-Air* , ou *Potpoury* , quatre Volumes en un ,   6. l.
Les *Concerts Parodiques* ſur les plus beaux Airs de *Lully* ,
Lambert , *le Camus* , & autres celebres Auteurs , & les
Madrigaux de *la Sabliere* ,   6. l.
Le Recueil de neuf DIVERTISSEMENTS differents,
qui ſont , *Le Pourceaugnac* , *Cariſelly* , *Le Profeſſeur de Folie* ,
La Serenade Venitienne , *La Veuve Coquette* , *La Critique des
Feſtes de Thalie* , *La Provençale* , *L'Hymenée Royale* , *Les Bergers
de Surenne* , Volume in-quarto ,   20. l.
Le *Retour des Dieux* , nouveau Divertiſſement.   3. l.
Le Recueil des *Airs de* vingt differentes *Comedies* des deux
Theâtres , Volume in-quarto ,   20. l.
Il y a encore un Recueil d'*Airs Italiens* , *choiſis* , contenant
cinq differents Livres , Volume in-quarto ,   20. l.
On vient d'imprimer L'*Amour aveuglé par la Folie* , CANTATE
in-folio.   24. f.
Les *Duo choiſis* pour la *Flute* & le *Hautbois* , in-quarto. 73. P.   3. l.
*On trouve auſſi les autres Livres de Muſique , ſoit d'Egliſe , ſoit de
Chambre , de tous les Auteurs.*
L'IMPRIMERIE DU MONT-PARNASSE,
qui a le Privilege excluſif pour la Muſique , fournit encore tous les
Livres de Plain-Chant , & des Impreſſions ordinaires , comme toutes
les autres Imprimeries.

www.ingramcontent.com/pod-product-compliance
Ingram Content Group UK Ltd.
Pitfield, Milton Keynes, MK11 3LW, UK
UKHW022124070726
13613UKWH00003B/1242